MAVI OKYANUS STRATEJİSİ KAVRAMI

İnovasyon yoluyla başarıya ulaşın ve rekabeti önemsiz hale getirin

MAVI OKYANUS STRATEJISI KAVRAMI

İnovasyon yoluyla başarıya ulaşın ve rekabeti önemsiz hale getirin

tarafından yazılmıştır Pierre Pichère
tarafından çevrildi Baris Şahin

MAVİ OKYANUS STRATEJİSİ KAVRAMI

ANAHTAR BİLGİLER

- **Adı:** Mavi Okyanus Stratejisi.

- **Kullanım alanları:** İş, pazarlama ve inovasyon.

- **Neden başarılıdır?** İşletmeyi rekabetten uzaklaştırır, performansı garanti eder ve her sektöre uyarlanabilir.

- **Anahtar kelimeler:** Mavi okyanus, kırmızı okyanus, strateji, inovasyon, yeni stratejik alanların yaratılması, rekabet, iş.

  - W. Chan Kim (1952 doğumlu) Davos'taki Dünya Ekonomik Forumu'nun bir üyesidir ve Harvard Business Review tarafından yönetim ve iş dünyasının en etkili düşünürlerinden biri olarak kabul edilmektedir. Renée Mauborgne ile birlikte INSEAD'da (Avrupa İşletme Enstitüsü) Mavi Okyanus Strateji Enstitüsü'nü yönetmekte ve aynı zamanda profesör olarak çalışmaktadır.

  - Renée Mauborgne (1963 doğumlu) tanınmış bir strateji profesörü ve Mavi Okyanus Strateji Enstitüsü'nün eş direktörüdür. 2013 yılında MBA programlarının en iyi beş profesöründen biri seçildi ve bir yıl sonra Yönetim Danışmanlığı Firmaları Birliği tarafından araştırmada mükemmellik için verilen Carl S. Sloane Mükemmellik Ödülü'nü aldı.

GİRİŞ

Günümüzün hızlı hareket eden uluslararası iş ortamında yaratıcılık, uzun vadeli performansın anahtarı haline geliyor. Şirketlerin inovasyon politikalarında yeni bakış açılarına duyulan ihtiyaç çığır açan fikirlere yol açıyor. Mavi okyanus stratejisi bunu mükemmel bir şekilde göstermektedir.

Tarih

Bu strateji, 2005 yılında W. Chan Kim ve Renée Mauborgne tarafından *Mavi Okyanus Stratejisi adlı* kitaplarında ortaya konmuştur: *How to Create Uncontested Market Space and Make the Competition Irrelevant* (43 farklı dile çevrilmiş ve dünya çapında 3,5 milyon kopya satılmıştır) adlı kitaplarında ortaya koydukları bu strateji, stratejik iş inovasyonunun teorik temellerini alt üst etmektedir. Tüm ekonomik paydaşları teknolojiye yatırım yaparak, yeni pazarlar fethederek ve hatta diğer sosyoekonomik paydaşlarla işbirliği yaparak 'yıkıcı' olarak adlandırılan yaratıcı inovasyonlarla aynı şeyi yapmaya teşvik etmektedir.

Bu strateji bir dizi araştırmadan elde edilmiştir ve özellikle mimar Clayton Christensen (1952 doğumlu) ve Deloitte Services LP'de genel müdür olan Michael Raynor'un (1967 doğumlu) araştırmaları olmak üzere bir dizi başka araştırmayla tutarlıdır. Sistematik bir inovasyon süreci yaratmak için bir dizi araç önermektedir.

Mavi Okyanus Stratejisi Enstitüsü, bu kavramı daha derinlemesine incelemek amacıyla 2007 yılında INSEAD'ın Fontainebleu kampüsünde açılmıştır. Kitapları sayesinde iki yazar sayısız ödüle layık görülmüş ve hem iş dünyasında hem de pazarlama dünyasında uluslararası tanınırlık kazanmıştır.

Modelin tanımı

Mavi Okyanus modeli, kalkınma stratejilerini temsil etmenin klasik yolunu yeniden tanımlamaktadır. Igor Ansoff (1918-2002), iş stratejisi ile ilgili ilk yayınlardan biri olan *Kurumsal Strateji* (1965) ve Michael E. Porter (1947 doğumlu), rekabet ve değer zincirleri için beş güç modeli ile iş stratejisinin bu yeniden düşünülmesinin bir parçasıdır. Onların modelleri bugün hala birçok sektörde kullanılmaktadır.

Kim ve Mauborgne, ekonomik paydaşların faaliyet gösterdiği iki tür piyasa tanımlamaktadır:

- **'Kırmızı okyanuslar'** olarak adlandırılan pazarlar doymuş pazarları temsil eder. Büyüme fırsatı nadirdir çünkü pazar paylarını artırmak için kıyasıya mücadele eden çok sayıda paydaş söz konusudur. Kırmızı renk, rekabetin yanı sıra kendi marjlarını ve pazar paylarını veya diğer karlılık ölçütlerini (bazen dış kaynak kullanımı, birleşmeler, iflas vb. pahasına) en üst düzeye çıkarmak isteyen tedarikçileri, müşterileri ve satın alma danışmanlarını da ifade eder.

- **'Mavi okyanuslar'** olarak adlandırılan pazarlar, radikal inovasyon sayesinde işletmelerin çok az rekabetle (veya hiç rekabet olmadan) tek başlarına gelişebilecekleri yeni alanları temsil etmektedir. Bu kavram, sonsuz miktarda (ya da 'okyanus') yeni talep yaratarak pazarın yapısını değiştirmektedir. Bu kavram yazarlar tarafından 'değer inovasyonu' ya da daha geniş anlamda 'faydalı inovasyon' olarak adlandırılmaktadır.

Kalite, maliyet liderliği veya yoğunlaşma yoluyla farklılaşmaya odaklanan klasik yaklaşımlardan açıkça ayrılan mavi okyanus stratejisi, işletmeleri arz ve talep açısından mevcut parametrelerden kurtulmaya ve yeni değer katabilecekleri ve böylece lider bir konum elde edebilecekleri diğer ortamları keşfetmeye teşvik eder.

KONSEPTİN ARKASINDAKİ TEORİ

Kim ve Mauborgne, kırmızı okyanuslar ve mavi okyanuslar arasında ayrım yaparak strateji, pazarlama ve inovasyonu bir araya getiren bir analiz önermektedir.

KIRMIZI OKYANUSLAR MAVİ OKYANUSLARA KARŞI

Kökeni pazarlamaya dayanan bir ürünün yaşam döngüsünü analiz etmek klasik bir yöntemdir: lansmandan sonra büyüme, ardından olgunluk ve sonra da düşüş gelir. Bu mantık, satış hacmini ve ürünün ömrünü dikkate alır (inovasyon hızı ne kadar yüksekse, ürünün yaşam döngüsü o kadar kısadır).

Peki ya mevcut ve potansiyel karlılık? Bu, fiyatları belirleyen rekabete ve aynı zamanda şirketin kendi maliyet fiyatlarını yönetme ve güçlü bir pazar kapsamı sağlayarak penetrasyon stratejileri geliştirme becerisine bağlıdır. Henüz 'büyüme aşamasında' olan bir ürün genellikle çok sayıda satıcı tarafından pazarlanır. İşte o zaman fiyatları düşürme yarışı başlar. Bu tam da Kim ve Mauborgne'nin 'kırmızı okyanus' olarak adlandırdığı durumdur – paydaşların parametreleri kabul ettiği ve birbirleriyle kıyasıya rekabet ettiği bilinen stratejik bir alan. Bu tipolojinin basit bir uygulamasının, kısa, orta ve uzun vadeli karlılık ve büyüme açısından ürün yelpazesi ve finansal dengeye ilişkin stratejik seçimlere yol açtığı zaten açıktır.

Modern ekonomik bağlamda, ürünlerin çoğunluğu olgun pazarlarda konumlandığından, giderek artan sayıda kırmızı okyanus bulunmaktadır. Dahası, neredeyse her pazarın uluslararası açıklığı, bir miktar rekabet içeren ve teknolojik ilerlemenin neden olduğu yeni ekonomik sektörlerin ortaya çıkmasıyla zorlukla dengelenen artan sayıda paydaşı teşvik etmektedir. Kim ve Mauborgne, geleneksel iş teorisinin karar vericilere kırmızı okyanusta hayatta kalmaları için yardımcı olduğuna dikkat çekmektedir: ana iş üzerinde yoğunlaşma, maliyet fiyatlarını düşürmek için dış kaynak kullanımı vb.

Mavi okyanus stratejisi, paydaşları yeterince değer yaratmayan kırmızı okyanusları terk ederek mavi okyanuslara doğru ilerlemeye teşvik eder. Bu yeni stratejik alanlarda her işletme tek başına gelişebilir ve en azından bir süreliğine aşırı rekabet ve fiyat savaşları tarafından kısıtlanmayacaktır.

DEĞER İNOVASYONU KULLANARAK OKYANUSLARI DEĞİŞTİRMEK

Kırmızı okyanustan mavi okyanusa geçmenin anahtarı inovasyondur. Ancak sadece teknolojiye dayalı inovasyon yeterli değildir. Kim ve Mauborgne, mavi okyanusa yol açan radikal bölünme sürecini 'değer inovasyonu' olarak adlandırıyor. Bu kavram hem ekonomik performans arayışında olan işletmeler hem de tatmin edilmesi gereken müşteriler için geçerlidir.

Elbette, iki yazar tarafından tanımlanan inovasyon, ekonomik paydaşların katılımını gerektirmekte ve bu şekilde inovasyonu dışsal olarak değerlendiren geleneksel neoklasik yaklaşımdan farklılaşmaktadır. Bu, geçişin başarılı olması için tüm yaklaşımını yeniden değerlendirmesi gereken işletme tarafından atılan gönüllü bir adımdır. Bu açıdan, ekonomik paydaşların kendileri tarafından yönlendirilir. İnovasyona yönelik bu yaklaşım Jean-Baptiste Say'e (gazeteci ve ekonomist, 1767-1832) kadar uzanır ve günümüzde Karl Marx (1818-1883) ve Joseph Schumpeter (1883-1950) gibi çok farklı fikirlere sahip bir dizi ekonomist aracılığıyla devam etmektedir.

'Değer inovasyonu' adı mavi okyanusun amacını yansıtmaktadır: hem yeni müşteriler çekecek olan tüketiciler için hem de pazar parametrelerini değiştirmek amacıyla fiyatlandırma yapılarının kapsamlı bir şekilde yeniden tanımlanacağı işletme için daha fazla değer yaratmak.

TAM YENİDEN DEĞERLENDİRME

Mavi okyanus stratejisi geliştirmek, pazar araştırmalarının mevcut yapıyı analiz ederek tanımladığı belirli bir pazarın tüm temel öncüllerinin yeniden incelenmesini gerektirir.

• Eğer bir ürün çoğunlukla erkekler tarafından satın alınıyorsa, kadınlar için nasıl cazip hale getirilebilir?

• Sadece üçüncü taraflar aracılığıyla dağıtılıyorsa, nihai müşteriyi doğrudan hedeflemek mümkün mü?

- Eğer sadece uzmanlar tarafından kullanılıyorsa, bunu yaygınlaştırmanın bir yolu var mı?

Bu nedenle inovasyon, genellikle teknolojiye dayalı inovasyonlarda olduğu gibi fiyat artışı anlamına gelmez. Bir ürünün hedef kitlesini genişleterek piyasada yeniden konumlandırılması, satılan birim sayısında önemli bir artışa yol açabilir ve bu da sabit maliyetleri bölerek fiyatı düşürür. Buna ek olarak, bir ürünün kullanım alanlarının yeniden düşünülmesi, daha önce gerekli olduğu düşünülen bazı seçeneklerin veya özelliklerin kaldırılmasına ve böylece nihai fiyatın düşürülmesine olanak sağlayabilir. Ancak mavi okyanus stratejisi, çoğu zaman böyle olsa bile, otomatik olarak fiyatlarda bir düşüşe yol açmaz. Örnek olarak, bilgisayarların geçmişin ana bilgisayarlarının yerini nasıl aldığını veya akıllı telefonlarımızın giderek sabit hatların yerini nasıl aldığını düşünün.

DIŞLAMA, GÜÇLENDİRME, AZALTMA VE YARATMA

Mavi okyanus stratejisi 'imleci hareket ettirmeyi' içerir. Şirketin pazarının parametreleri tanımlandıktan sonra, neyin güçlendirilmesi, neyin azaltılması, neyin dışlanması ve son olarak neyin yaratılması gerektiğinin belirlenmesi gerekir (bu son faktör başlangıçta listeye dahil edilmemiş olsa da).

Bu yaklaşım otomobil sektöründen bir örnekle açıklanabilir. 1998 yılında, Renault'nun o zamanki sahibi Louis Schweitzer, otomobil pazarı için radikal bir yenilik duyurdu: düşük maliyetli bir otomobil. Bu girişim Logan modelinin yaratılmasına yol açtı. Başlangıçta Doğu Avrupa pazarları için tasarlanan araç, Romanya'daki Automobile Dacia fabrikalarında üretilen Logan'ı ithal eden ilk ülke olan Fransa'da da başarılı oldu.

Bu başarı, modelin yeniden tanımlanması stratejisinden kaynaklandı. Genel olarak, otomobil endüstrisi 'en iyiye' doğru bir yarış içeriyordu: daha büyük araçlar, daha fazla konfor, daha fazla güvenlik, daha fazla özellik ve dolayısıyla daha yüksek fiyatlar. Renault, 1999 yılında satın aldığı Automobile Dacia fabrikalarındaki farklı araçlar arasındaki sinerjileri optimize ederek ve lüks araç fikrinden uzaklaşarak başarının sırrını keşfetti. Logan, tüketicilerin mümkün olduğunca az seçenek istediği gelişmekte olan ekonomilerde 4500 Euro'ya, Fransa'da ise 7500 Euro'ya pazarlandı.

Ancak, düşük maliyet kalite anlamına gelmez. Ceviz bir gösterge paneline sahip olmamasına rağmen Logan, yol koşullarının genellikle ideal olmaktan uzak olduğu veya araç bakımının Batı ülkelerine göre çok daha az gelişmiş olduğu pazarları hedeflediği için son derece sağlamdır.

Aynı şekilde Renault, daha ucuz otomobillerini küçük şehir modelleriyle (1990'lardaki Twingo veya Smart otomobil gibi) sınırlamayarak geçmişten koptu. Logan ile Renault, içinde geniş bir alan ve büyük bir bagajı olan bir aile otomobili sundu.

Renault, stratejisini yeniden tanımlayarak beklenenden daha fazla müşteri çekti: Logan, gelişmekte olan ekonomilerdeki hedef pazarına ulaşmanın yanı sıra, dar bütçeleri nedeniyle aksi takdirde ikinci el satın almak zorunda kalacak olan Fransız tüketicilere de hitap etti. Düşük maliyetli otomobil, pazarın özellikle aracın görünümüne odaklanmayan, ancak her şeyden önce kalite ve fiyat arasında iyi bir denge arayan bölümünü yakaladı.

MODELİN SINIRLARI VE GENİŞLETİLMESİ

Mavi okyanus stratejisinin bilimsel titizliği bazı noktalarda sorgulanabilir görünmektedir ve bazıları bunu belirli şirketlerin başarılarını perspektife koymanın çekici bir yolu olarak görmenin daha iyi olacağına inanmaktadır. Buna ek olarak, Thomas J. Peters'ın 1982 tarihli ünlü kitabı *In Search of Excellence* gibi başarılı şirketlerin stratejilerini anlamaya yönelik neredeyse sonsuz sayıda başka teori de bulunmaktadır.

MAVİ OKYANUS STRATEJİSİ: DEVRİMCİ BİR YÖNTEMDEN ZİYADE BİR REHBER Mİ?

Mavi Okyanus Stratejisi'ni eleştirenler de yok değil. Her ne kadar ekonominin her sektöründen çok sayıda örnek sunarak okunmasını kolaylaştırsa da, bazıları bu geniş referans yelpazesini teorinin göreceli zayıflığının bir göstergesi olarak görmektedir. Bazıları da Kim ve Mauborgne tarafından kullanılan tümdengelim yaklaşımının altını çizmektedir. Bu eleştiriye göre, Kim ve Mauborgne bir dizi olağanüstü başarıyı başlangıç noktası olarak almış ve ardından hepsini kapsayacak genel bir fikir arayışına girmiştir. Bu yoruma göre mavi okyanus stratejisi, pazara yaratıcı bir yaklaşım geliştirmek için yenilikçi ve etkili bir yöntemden ziyade geriye dönük bir okumadır, ancak yazarlar kırmızı okyanustan mavi okyanusa geçmek için adımlar önermektedir.

Bu şekilde, herhangi bir iş başarısı, bilinçli olsun ya da olmasın, mavi okyanus stratejisinin uygulanması olarak yorumlanabilir. Henry Ford'dan (Amerikalı imalatçı, 1863-1947) Guy Laliberté'ye (Cirque du Soleil'in kurucusu, 1959 doğumlu) kadar iş tarihinden alınan örnekler bu sonuca götürüyor gibi görünüyor, çünkü insanlar geçmişte bu yöntemi bilmeden uyguladılar.

Sosyal bilimler açısından bakıldığında, örnekler arasında bir bütünlük bulunmamakta, bu da kitapta yapılan karşılaştırmaları bilimsel açıdan sorgulanabilir hale getirmektedir. Örnek olarak kullanılan farklı işletmelerin her birinin başlangıç noktaları benzer miydi? Ayrıca, kitapta başlangıçtaki kırmızı okyanus durumu tanımlanmamıştır, çünkü bir pazardaki oyuncuların göreceli veya mutlak sayısı veya rekabet açısından bir işletmenin kırmızı okyanusa girdiğini gösteren kriterler yoktur. Aynı şekilde, mavi okyanus da neredeyse hiç ölçülebilir değildir ve bir işletmenin müşteriler tarafından kabul edilip edilmeyeceğini ve desteklenip desteklenmeyeceğini bilmeden inovasyonu tercih ederek bilinmeyene adım atması feci sonuçlar doğurabilir.

Yazarlar tarafından önerilen stratejinin merkezinde yer alan değer inovasyonunun yeterince tanımlanmamış olması, yeni bir kavram olarak yerleşmesini zorlaştırmaktadır. Örneklerin kendileri de bu zayıflığı göstermektedir. Bu örnekler pazarlama, ambalajlama ve tanıtım, iş organizasyonu, teknolojik ve bilimsel inovasyon gibi çeşitli alanlardan alınmıştır. Dolayısıyla değer inovasyonu, işletme için katma değer ve müşteri için daha düşük fiyatların bir kombinasyonu olarak özetlenebilir. Ancak bunun teknolojik inovasyonun mu yoksa daha iyi pazar konumlandırmasının mı bir sonucu olduğu sorusu cevapsız kalmaktadır. Bu kavram ürün düzeyinde bir devrimi kapsayabileceği gibi tüketicilerle daha etkili bir iletişimin benimsenmesini de içerebileceğinden, değer inovasyonunun etkisi belirsiz görünmektedir.

Bazı eleştirmenler yöntemin kendisi hakkında da çekincelere sahiptir. Bu düşünceye göre, değer eğrisinin ayrıntılı bir yorumuna dayanan mavi okyanus stratejisi çığır açan inovasyonlara olanak tanımamakta, yalnızca mevcut ürün veya süreçlerin iyileştirilmesi anlamına gelen artımlı inovasyonlara yol açmaktadır. Gerçekten de Kim ve Mauborgne'un yaklaşımı, yeni bir şey hayal etmek için zaten var olanı kullanmaya dayanırken, radikal inovasyon ancak işletmelerin mevcut durumdan tamamen uzaklaşması halinde gerçekleşebilir. İleride göreceğimiz gibi, iki yazar da yeni bir teklif oluşturmak için şirketlerin mevcut ve potansiyel müşterilerinden büyük ölçüde ilham almaktadır. Ancak bazı yenilikler, özellikle de en radikal olanlar, şüpheyle karşılanmaktadır. Gerçekten de inovasyon her zaman kamuoyundan hemen onay almaz. İnovasyon danışmanı Benoît Sarazin ("belirsiz olanı pazarlama" konusunda uzman) mavi okyanus stratejisini eleştirirken Nestlé'nin Nespresso'yu tutturmasının 15 yıl sürdüğüne ve Guy Laliberté'nin Cirque du Soleil ile hemen başarıya ulaşamadığına dikkat çekmektedir. Dolayısıyla bu yöntem, başarı için şaşmaz bir reçete değildir.

EKONOMİDEN İŞ DÜNYASINA İNOVASYON: İLGİLİ MODELLER

İnovasyon teorisini mükemmelleştirmeyi amaçlasalar da Kim ve Mauborgne, yaratıcı yıkım kavramının ardındaki düşünür Joseph Schumpeter'in (1883-1950) izinden gitmektedir. Bu ekonomist, hem iş ve üretim için iş organizasyonu hem de ürünler için pazar fırsatları açısından inovasyonun tüm yönlerini ele almıştır. Benzer bir şekilde, mavi okyanus stratejisi de yeni yaratılan pazarlar lehine eski, olgun pazarların yok olmasına (ya da en azından azalmasına) yol açmaktadır. Daha önce bahsedilen ürün yaşam döngüsü teorisine ek olarak, yamyamlaşma riskine de bakabiliriz. Bir ürün yelpazesini yönetmeye yönelik pazarlama stratejisinin bir parçası olarak bu, faaliyet sektöründen bağımsız olarak mevcut ürünlerin satışlarında veya pazar payında bir azalmaya neden olabilir: bu nedenle yeni üründen elde edilen kârın mevcut ürünlerdeki potansiyel kayıplardan daha fazla olup olmayacağını değerlendirmek önemlidir. İşletme esasen kendisiyle rekabet halindedir. Ancak bu yamyamlaştırma, şirketin yeni bir pazara girmesine ve bu pazardan kar elde etmesine olanak tanıdığı için markanın genişletilmesi (örneğin Marlboro) için iyi bir strateji olabilir. Bu senaryoda, mavi okyanus rüyasına bir göz atabiliriz.

Kırmızı okyanus ve mavi okyanus, Michael E. Raynor ve Clayton M. Christensen'in ilk kitapları *The Innovator's Dilemma: When New Technologies Cause Great Firms to Fail*'de (1997) ortaya koydukları yerleşik ve yıkıcı inovasyon kavramlarını anımsatmaktadır. Onlara göre, yerleşik inovasyon mevcut ürünleri geliştirirken, yıkıcı inovasyon yeni bir pazar yaratarak rekabeti ortadan kaldırır. Bu yaklaşım, mavi okyanus stratejisi ile büyük ölçüde örtüşmektedir. Yerleşik inovasyon, ekonomik paydaşların kırmızı okyanusta hayatta kalmak için gösterdikleri çabalara karşılık gelirken, yıkıcı inovasyon mavi okyanusa ulaşan işletmeler için olumlu sonuçlara benzemektedir.

UYGULAMA

Mavi okyanus stratejisi, birkaç adımı içeren stratejik bir yöntemdir.

TAVSİYELER VE EN İYİ UYGULAMALAR

Mavi okyanusa doğru ilerlemek için altı soru

Kim ve Mauborgne, mavi okyanus stratejisinin oluşturulmasıyla bağlantılı altı temel soru tanımlamaktadır.

- **Piyasada hangi alternatifler var?** Bu, mevcut seçenekleri belirlemek için müşterinin bakış açısını benimsemeyi içerir. Üreticilerinin tamamen bağımsız olduğunu düşündüğü iki farklı ürün, müşterinin satın alma niyetleri nedeniyle kendilerini rekabet içinde bulabilir. Örneğin, tatiller ve evle ilgili çalışmalar görünüşte birbiriyle bağlantısız harcamalardır, ancak yine de birbirlerini etkilerler: bir aile evdeki bir odayı yenilediği yıl, yaz tatili için neredeyse kesinlikle daha az harcama yapacaktır.

- **İlgili stratejik grupların çıkarları nelerdir?** Bu, ilgili farklı stratejik grupların temel kaygılarına öncelik verme meselesidir. Bunlardan genellikle iki tanesi vardır: fiyat ve performans.

- **Alıcı ve kullanıcı zinciri nasıl oluşuyor?** Bazı işletmeler doğrudan kullanıcılara satış yaparken, diğerleri üçüncü taraflar aracılığıyla satış yapıyor. Bu zinciri kırmak mavi okyanusa ulaşmanın yolu olabilir. Nespresso'nun kahve kapsüllerini geleneksel ağlar (büyük gıda perakendecileri) üzerinden satmak yerine kendi üst düzey mağazalarını kurarak yaptığı da budur.

- **Ürünler ve tamamlayıcı hizmetler nelerdir?** Bu soru önemlidir çünkü işletmelerin sıralamayı bir bütün olarak öngörerek başarılı bir stratejik sıralama uygulamasına olanak tanır. Apple'ın 2000'li yılların başındaki başarısı, ürünlerinin (iPod, vb.) yanı sıra içeriğin de (özellikle dijital indirmeler) hayati önem taşıyan bir teklif olduğunun farkına varmasından kaynaklanıyordu.

- **Sektörün işlevsel ya da duygusal içeriği nedir?** Değer katmak ya da tersine, bir ürünü aşırı sembolik ağırlığından arındırmak, mavi okyanus arayışının bir parçasıdır. Kahve kapsüllerini lüks gibi göstermeyi başaran Nespresso bunun önemli bir örneğidir.

- **Tüketici davranışlarını belirleyen ana eğilimler nelerdir?** Çevrenin korunması ve kişisel tatmin arayışı çağdaş toplumlardaki başlıca eğilimlerdir ve mavi okyanus ürün ve hizmetlerini hayal ederken bunları temel bir ilham kaynağı haline getirmektedir.

Uyarım ve yaratıcılık: 4 adımlı bir yol

Kim ve Mauborgne daha sonra bir işletme içinde mavi okyanus stratejisini uygulamak için bir yöntem ortaya koymuştur. Dört temel adım tanımlıyorlar:

- **Görsel uyanış,** değer eğrisinin tasarlanmasını içerir. Teklifi oluşturan her kriter için şirket, rekabete göre zayıf ve güçlü noktalarını çizer. Bu ilk adım esas olarak, değer yaratılmasını sağlamak için değişim ihtiyacını vurgulamak üzere temsili kullanarak şirketteki ekipler arasında bir fikir birliği yaratmaya hizmet eder. Ayrıca şirketi rakiplerine göre konumlandırır. Farklılaşma belirgin mi yoksa yok mu? İki eğrinin izlediği yol bunu netleştirecektir.

- **Görsel keşif,** geliştirilecek yenilikçi potansiyeli değerlendirmek için sahaya inmeyi içerir. Tüketicilerini tanımayan bir şirket pazar üzerinde etkili olamaz. Müşterilere düzenli olarak danışmak gereklidir, ancak yeterli değildir. Müşterinin ürünün kullanıcısı olması gerekmez. Mavi okyanus stratejisi mevcut müşteri tabanını genişletmeyi amaçladığından, alışkanlıklarını ve beklentilerini öğrenmek için ilgisiz müşterilerle de konuşmaya değer.

- Şirket üyeleri ve dış katılımcılar (müşteriler, hedef müşteriler, ortaklar, vb.) arasında düzenlenen **görsel strateji fuarları,** teklif kriterlerinin uygunluğunun değerlendirilmesine olanak tanır. Amaç, sezgilerden başka şeylere dayanan bir strateji oluşturmak ve değişime direnç gibi iç engellerin üstesinden gelmektir.

- **Görsel iletişim,** strateji tanımlandıktan sonra gerçekleşir. Tüm ekip şirketin devrimine dahil edilmelidir. Mevcut sınırların anlaşılmasının değer eğrisi ile görsel hale getirildiği gibi, bu aşamada da bir diyagrama ihtiyaç vardır. Bu, yeni hedeflerin görselleştirilmesini ve hiyerarşideki seviyeleri ne olursa olsun herkesin mavi okyanus stratejisini benimsemesini kolaylaştıracaktır.

Öncü, göçmen ve yerleşimci ürünleri

Kim ve Mauborgne tarafından ortaya konan araçlar arasında, şirketin ürünlerinin analizinin strateji oluşturma açısından yararlı olduğu kanıtlanmıştır. Yazarlar, ürünlerin üç kategoriye ayrılabileceğini öne sürmektedir:

- **Yerleşimciler** endüstri normlarını takip eden ürünlerdir. Bu ürün veya hizmetler en güncel değer eğrisine uygundur ve hızla gelişen pazarlarımızda gelecek beklentileri çok sınırlıdır. Bunlar kırmızı okyanusa aittir.

- **Öncüler,** benzeri görülmemiş bir değer yaratan ürünlerdir. Önümüzdeki yıllarda kitlesel tüketim ve güçlü büyüme beklenmektedir. Mavi okyanusu temsil ederler.

- **Göçmenler** önceki iki kategori arasında yer alır. Müşteri ve şirket için değer katsalar da mavi okyanusta kalıcı olacak kadar yenilikçi değillerdir.

Yeni müşterilere ulaşma

Mavi okyanus stratejisinin temelinde yeni müşteriler çekmek yatar. İşletmeler kırmızı okyanusta hayatta kalabilmek için rakiplerinin pazar payını azaltmaya çalışır. Ancak, müşteriler bir şirketten diğerine geçse de, pazarın büyüklüğü değişmeden kalır. Buna karşılık, mavi okyanus stratejisi, şimdiye kadar bu tür bir ürünü satın almayan veya bu tür bir hizmeti kullanmayan kategorilerdeki müşterilerin dahil edilmesi sayesinde, sınırlarını geri iterek pazarı genişletmeyi amaçlamaktadır.

Üç farklı türde müşteri olmayan vardır:

- **'Yakında' müşteri olmayanlar** zaman zaman şirket tarafından sunulan mal veya hizmetleri satın alırlar, ancak daha iyi bir teklif beklerler. Bu kişiler ne kadar çoksa, pazar o kadar kırılgan olur. Bu şekilde, İngiliz gıda zinciri Prêt à Manger, daha önce daha iyi bir şey olmadığı için geleneksel restoranlara giden profesyonel bir müşteri tabanını kendine çekmektedir.

- 'Reddeden' müşteri olmayanlar, aynı zamanda 'küçümseyen müşteri olmayanlar' olarak da bilinir (Kotler ve Keller, 2006), incelenen pazarın ürün veya hizmetlerini, belki de bunlara karşı oldukları veya bunları karşılayamadıkları için asla kullanmazlar. Örneğin, şehir merkezlerinde yaşayan insanlar 4x4 tipi araçlara sıcak bakmazlar çünkü bu araçlar çevreyi çok kirlettikleri ve şehir içinde park etmelerinin zor olduğu yönünde bir üne sahiptirler.

- **'Keşfedilmemiş' müşteri olmayanlar** bu pazarla hemen ilgilenmezler çünkü karar alıcılar onları hedefleme zahmetine hiç girmemiştir. Bununla birlikte, potansiyel müşteriler olabilirler.

ÖRNEK OLAY İNCELEMESİ: Wii, NİNTENDO'NUN MAVİ OKYANUSU

2006 yılında Nintendo Wii'yi piyasaya sürdü. Bu oyun konsolu, birkaç yıl boyunca şirket için önemli karlar sağlayan hızlı bir büyüme kaydetti. Konsolun satışları çok iyi olsa da, başarı en çok video oyunlarının kendisinde görüldü. Wii Sports, rakiplerinden çok daha fazla, 80 milyondan fazla kopya satmıştır. Nintendo'nun yaklaşımı mavi okyanus stratejisi olarak tanımlanabilir çünkü teknolojide büyük değişikliklere yol açtı ve aynı zamanda fiyat politikalarını ve pazarın sınırlarını yeniden tanımladı.

Mavi okyanus stratejisinin altı sorusuna göre Wii

- **Piyasada ne gibi alternatifler var?** Nintendo, kendisini video oyunu pazarındaki rakiplerine göre konumlandırmak yerine, nüfusun boş zaman aktiviteleriyle ilgilenmeye başladı. Gerçekten de, sanatsal ve yaratıcı faaliyetler ile sağlık ve fitness 2000'li yıllardan bu yana önemli sektörler haline geldiğinden, firma kendi pazarını yaratmaya karar verdi. Bunu yapmak için, oyun konsollarındaki uzmanlığını yeni kullanım alanlarının geliştirilmesiyle birleştirdi: spor (Wii Sports oyunu 80 milyondan fazla sattı), dans etmek, formda kalmak, müzik çalmak vb. Tüm bu sanal aktiviteler, geleneksel joystick yerine hareketin algılanmasına dayanan Wii teknolojisi ile mümkün kılınmıştır.

- **İlgili stratejik grupların çıkarları nelerdir?** Fiyat açısından Wii, yavaş yavaş hizaya girmek zorunda kalan ana rakiplerinin altında konumlandırıldı. Bu strateji, daha yaşlı ve daha az tutsak bir kitleyi hedefleyerek video oyunları pazarını genişletmiştir. Ürün, işlevselliği açısından yenilikçi olsa da, rakipleri PS3 ve Xbox'a kıyasla bazı bileşenleri açısından daha düşük kalitededir. Standartlardaki bu düşüş, hız ve yüksek çözünürlüğe daha az odaklanan oyunlarla, her yaş için yaratılmış bir konsol için daha az önemli olan teknolojik olanakları biraz sınırlayarak fiyatları düşürmektedir.

- **Alıcı ve kullanıcı zinciri nasıl oluşuyor? Kurulduğu** [19.] yüzyılın sonundan bu yana bir video oyunu şirketi olan Nintendo, Wii için mevcut oyunları satmak için üçüncü bir tarafa başvurmadan doğrudan kullanıcılarını hedeflemeyi seçti. Bu tür bir gelişme, internet kullanımının çok daha yaygın hale geldiği günümüzde mümkündür. 2006 yılında, devrim niteliğindeki oyun sisteminin piyasaya sürülmesiyle aynı zamanda Nintendo, kullanıcıların oyun satın alımları yoluyla sadakat puanları kazanmalarına olanak tanıyan Wii Shop'u da geliştirmiştir.

- **Ürünler ve tamamlayıcı hizmetler nelerdir?** Wii'nin başarısına iki tamamlayıcı ürün katkıda bulunmuştur: aksesuarlar ve oyunlar. Wii için bir uzaktan kumanda olan Wiimote, konsol ile Bluetooth üzerinden iletişim kurar. Bir ivmeölçer ile donatılmış olan bu kumanda, oyuncunun hareketlerini konsola iletir: zıplamalar, yana doğru hareketler, bükülmeler vb. Daha sonra, kullanıcıların konsolda Pictionary gibi masa oyunları oynamasına olanak tanıyan ve bu şekilde aile pazarını hedefleyen bir mikrofon ve bir çizim tableti de dahil olmak üzere başka aksesuarlar da ortaya çıktı. Nintendo elbette Mario Bros. ve Zelda gibi daha popüler Wii ürünlerini satmayı da ihmal etmedi. Son olarak, başarısının merkezinde yer alan kalp atış hızı monitörleri ve ayak hareketlerini algılayan Wii denge tahtası, konsolu bir eğitmen olarak kullanarak oyuncunun evini bir spor salonuna dönüştürebilir. Bu da konsolu oyun ve fitness arasında bir yere yerleştiriyor.

- **Sektörün işlevsel veya duygusal içeriği nedir?** Video oyunları hem teknolojik hem de kültürel içeriğe sahiptir. 1970'lerdeki ilk konsol modellerinden bu yana gözlemlenen gelişmeler muazzam ve çok hızlı olmuştur. Wii'nin yerini çoktan başka ürünlerin aldığını belirtmek gerekir. Bu gelişme, büyük merkezi birimlerden taşınabilir cihazlara ve dokunmatik ekranlı tabletlere doğru ilerleyen bilgisayarlarınkine benzemektedir. Bununla birlikte, video oyunu aynı zamanda kültürel bir rezonansa da sahiptir: örneğin, birçoğu Nintendo tarafından üretilen ilk oyunlar, 1980'lerde büyüyen nesil için referans noktaları haline gelmiştir. Space Invader, Mario Bros. veya Zelda dünyaları kolektif hayal gücünün ayrılmaz bir parçasıdır. Daha çağdaş oyunlar, bilgi alışverişinde bulunan ve sanal ilişkiler kuran oyuncu toplulukları yaratmaktadır. Nintendo, Wii oyunlarıyla bu güçlü kültürel boyutu korumayı başardı, ancak teklifini genişletmek için bu teknoloji kültüründen uzaklaştı. Sonuç olarak, altmışlı yaşlarındaki oyuncular nostaljik hissetmiyor ve Super Mario dünyasını özlüyor. Onları bir oyun konsolu satın almaya teşvik etmek için alternatif perspektifler sunmak ve teknolojiden çok işlevselliğe önem vermek gerekmektedir. Wii'deki navigasyon ve ekran, teknolojik bilgi seviyesi ne olursa olsun kullanıcıyı rahatlatacak şekilde önemli ölçüde basitleştirilmiştir.

- **Tüketici davranışını belirleyen ana eğilimler nelerdir?** Wii için sunulan oyunlarda Nintendo, Batı toplumlarındaki ana eğilimleri yakalamayı başardı. Japonya'da diğer ülkelere kıyasla daha belirgin olan toplumun yaşlanması, rakiplerinden daha evrensel olan bu konsolun geliştirilmesine ilham verdi. Dr. Kawashima'nın (1959 doğumlu) beyin eğitim programı da yaşlı müşterilerden gelen talep sayesinde önemli bir başarı elde etmiştir. Yaratıcılık ve beden aracılığıyla kişisel gelişim ve kendini ifade etme, çağdaş toplumda önemli isteklerdir. Birkaç yıl boyunca Wii, düşük üretim maliyetleriyle müşteriye daha fazla değer sağlayan yeni bir ürün - kullanıcıların fiziksel ve zihinsel olarak formda kalmasını sağlayan bir oyun konsolu - sunarak bu eğilimlerden faydalanmayı başardı. Bu sayede Nintendo sadece oyun satışlarından değil, Wii'den de kâr elde edebildi. Bu arada, bazı rakipleri daha az başarılı oldu ve konsollarını zararına satmak ve ilgili ürün ve hizmetlerle arayı kapatmak zorunda kaldı.

Wii ve müşteri olmayan üç türü

Wii'nin başarısı, pazarın sınırlarını zorlayan müşteri olmayanlara yönelik mükemmel bir analizin sonucudur. Nintendo, pazar payını artırmasını sağlayacak teknolojik ya da maliyet avantajını elde etmek ve sürdürmek için mücadele etmekle yetinebilirdi. Ancak, bu ilerleme muhtemelen sadece geçici olacaktı, çünkü rakipler hızlı bir şekilde yanıt verecekti. Bu nedenle 'yakında' müşteri olmayacaklar, yani sundukları ürün ve hizmetlere bağlı olarak bir tedarikçiden diğerine geçebilecekler için mücadele etmediler.

Nintendo, birkaç yıldır televizyonda olduğu gibi video oyunları da tartışma yaratsa da 'reddeden' müşterileri çekmeyi başardı. Gençler arasında bağımlılık yaratmak ve onları aşırı şiddete alıştırmakla suçlanıyorlar. Ancak, kullanıcıların oturma odalarında tenis ya da bowling oynamalarını sağlayan Wii Sports'a bu eleştirileri yöneltmek zordur. Bu oyun 80 milyon adet satarak tarihte en çok satın alınan video oyunu oldu ve sadece 40 milyon adet satan Super Mario Bros'u bile geride bıraktı.

Son olarak Nintendo, oyun dünyasını hiç keşfetmemiş olan 'keşfedilmemiş' müşterileri kendine çekmiştir. Yetişkinler ve yaşlılar da dahil olmak üzere grafik ya da teknoloji konusunda özellikle tutkulu olmayan kullanıcılar, Wii'de kendilerini rahatlatacak ve eğlendirecek bir şeyler buldular. Bu olgu birkaç yıl önce düşünülemezdi.

2012 yılında Nintendo, Wii'nin yerini alması amaçlanan Wii U'yu piyasaya sürerek performansını tekrarlamaya çalıştı. Ne yazık ki, özellikle dokunmatik ekranlı tabletler ve akıllı telefonların kullanımıyla ortamın altı yıl içinde çok geliştiği görülüyor. Oyunlara erişim artık o kadar yaygın ki, daha az sayıda insan konsol kullanıyor ve konsollar artık daha küçük bir meraklı kitlesine hitap ediyor. Bu yenilikçi şirketi gelecekte neler bekliyor?

ÖZET

- Mavi okyanus stratejisi, performansa yönelik yeni bir iş yönetimi modelidir.

- Rekabetin giderek arttığı bir dünyada, şirketler rakiplerine üstünlük sağlamaya çalışırken kendilerini yıpratıyor ve bu da giderek artan sayıda iflasa yol açıyor.

- INSEAD profesörleri W. Chan Kim ve Renée Mauborgne tarafından teorize edilen bu yenilikçi strateji, işletmelerin tek başlarına (bir süreliğine) gelişebilecekleri 'mavi okyanus' pazarlarını bularak 'kırmızı okyanus' pazarlarındaki şiddetli rekabetten nasıl kurtulabileceklerini açıklamaktadır.

- Kırmızı okyanuslar (rekabetin güçlü olduğu sektörler) ve mavi okyanuslar (rekabetin az olduğu niş pazarlar) metaforu, pazarı bir bütün olarak tanımlamamızı sağlar.

- Kırmızı okyanustan mavi okyanusa geçiş, müşteri için kullanım değerini artıran ve aynı zamanda işletmenin ekonomik modelini geliştiren değer inovasyonu yoluyla yapılır. Bu aynı zamanda satış fiyatlarında bir düşüşe de yol açabilir.

- Mavi okyanus stratejisi, konumlandırma ve dağıtım yöntemlerini değiştirerek pazar parametrelerini hareket ettirmeye, şirketin değerlerini ve inançlarını yeniden incelemeye ve daha önce bu pazara aşina olmayan müşterileri çekmeye dayanır.

- Finansal belirsizlik ve maliyet düşürme konusunda büyük endişelerin yaşandığı dönemlerde, piyasayla bağlantılı finansal ve teknik riskleri dikkate almak önemlidir. Gerçekten de insan zihninin halihazırda var olandan uzaklaşarak tamamen yeni bir şey, yani ekonomistlerin yıkıcı yenilikler olarak adlandırdığı radikal yeni fikirler hayal etmesi zordur. Bu nedenle tüketicilerin nasıl tepki vereceğini tahmin etmek imkansızdır.

- Son olarak, mavi okyanus stratejisi, mevcut bağlamda son derece önemli olan inovasyon ve pazar yaratmanın önemini vurgulasa da, neden bu kadar az şirketin bu yaklaşımı kullandığını açıklamamaktadır. Gerçekten de, işletmelerin çoğunluğu sadece mevcut hizmet ve ürünlerini optimize etmeye çalışmaktadır.

DAHA FAZLA OKUMA

KAYNAKÇA

Cazals, F. (2009) Stratégie Océan bleu de la Wii. *Stratégies innovantes*. [Çevrimiçi]. [Erişim tarihi: 23 Mayıs 2014]. İnternet Arşivinden erişilebilir: < http://cazals.fr/strategie-ocean-bleu-de-la-wii/>

Déméter et Kotler. (2012) *Océan bleu et océan rouge*. [Çevrimiçi]. [Erişim tarihi: 23 Mayıs 2014]. Erişim adresi: < http://demeteretkotler.com/2012/07/11/ocean-bleu-ocean-rouge/>

INSEAD Mavi Okyanus Strateji Enstitüsü web sitesi. http://www.insead.edu/blueoceanstrategyinstitute/home/index.cfm

Kim, W. C. ve Mauborgne, R. (2015) *Mavi Okyanus Stratejisi: Tartışmasız Pazar Alanı Nasıl Yaratılır ve Rekabet Nasıl İlgisiz Hale Getirilir*. Brighton, Massachusetts: Harvard Business Publishing.

Kotler, P. ve Keller, K. L. (2015) *Pazarlama Yönetimi*. Harlow, Essex: Pearson Education Limited.

Roland, O. (2010) Stratégie Océan Bleu. *Des Livres pour changer la vie*. [Çevrimiçi]. [Erişim tarihi: 23 Mayıs 2014]. Erişim adresi: < http://www.des-livres-pour-changer-de-vie.fr/strategie-ocean-bleu/>

Sarazin, B. (2013) Pourquoi la méthode Blue Ocean ne suffit pas. *Le blog de l'innovation de rupture*. [Çevrimiçi]. [Erişim tarihi: 23 Mayıs 2014]. Erişim adresi: <http://benoitsarazin.com/francais/2013/10/methode-blue-ocean-suffit-pas.html>

Tabatoni, P. (2005) *Innovation, désordre, progrès*. Paris: Economica.

Timos, L., Ghoggal, M. ve Poubady, B. (Tarih yok) Analyse stratégique marketing: Nintendo Wii. *Laurent Timos*. [Çevrimiçi]. [Erişim tarihi: 23 Mayıs 2014]. Erişim adresi: < http://www.laurent-timos.esy.es/mes-projets/dut-src/>

Sizden haber almak istiyoruz!
Çevrimiçi kütüphaneniz hakkında yorum bırakın
ve favori kitaplarınızı sosyal medyada paylaşın!

IMPROVE YOUR GENERAL KNOWLEDGE

IN THE BLINK OF AN EYE!

www.50minutes.com

Ana ISBN: 9782808600521
Kağıt ISBN: 9782808601979
Yasal depozito: D/2022/12603/198

Dijital tasarım: Primento,
yayıncıların dijital ortağı.